Andreu Marfull Pujadas

LA CONDENA CATALANA AL FRANQUISMO

ediciones | la tempestad

La condena catalana al franquismo

Sumario

LA DENUNCIA

LA CONDENA CATALANA AL FRANQUISMO es una denuncia. Es una denuncia al franquismo, y a todo aquello que representa. La cuestión que la motiva es el juicio a los representantes del pueblo catalán, a cargo del orden establecido en España.

El motivo de este llamamiento es la falta de imparcialidad del proceso judicial contra los representantes de la voluntad catalana que ha deslegitimado a España, así como la ausencia de un arbitrio internacional y su impacto global.

¿Cuál es la razón del juicio?

El juicio aparente es una causa abierta contra la voz catalana que defendió, el 1 de octubre de 2017, el derecho a votar su libre determinación. Lo defendió votando, y España envió allí al cuerpo policial para impedirlo, sin éxito. Pese a la violencia policial, incuestionable, el referéndum de autodeterminación se realizó. El resultado fue concluyente: existe una mayoría de catalanes que desea independizarse de España, superior a los catalanes que desean seguir formando parte de ella. Por esta razón, España recupera su tradición dialogante (es una ironía) y se revela, aupada por Su Majestad el rey, Felipe VI de Borbón, quien condena la determinación catalana. El 2019, tras una lamentable campaña de censura y persecución mediática y judicial, empieza el juicio a los representantes políticos y civiles catalanes, que se encuentran entre rejas y cuya sentencia tácita es evidente: serán condenados. De un modo no reconocido, la consecuencia inmediata de este espectáculo judicial es un juicio contra la democracia, a cargo de una monarquía parlamentaria que se hace llamar a sí misma democracia en nombre de una ley que la desautoriza.

¿Cuál es la verdadera razón?

El verdadero juicio es un acto de cobardía de quien no ha osado enjuiciarse a sí mismo: el franquismo y todo aquello que representa para la historia de España. Tal y como aquí se narra, la razón última de esta ausencia de responsabilidad es la defensa a ultranza del imaginario español que, resultado de su ocaso colonial, regenera el franquismo bajo el ideal nacional-católico. Es decir, una versión nacional del imperio militar y evangelizador castellano idealizado que no es capaz de reconocer otra autoridad que la suya, ni en las colonias ni en la península Ibérica. Las razones que lo fundamentan son, esencialmente, el ilegítimo orden franquista (intruso) en los cimientos del Estado español, resultado de la anómala *Ley de amnistía* de 1977. Resultado de dicha Ley se inicia un juicio xenófobo contra la catalanidad que, debido a la manipulación de la historia, ha sido estigmatizada. Y la razón que fundamenta esta anómala autoridad forma parte, sin duda, de la recreación patriótica de la historia castellana de España. Por esta razón, este texto ahonda en sus causas históricas y concluye que la principal consecuencia de la condena a los catalanes será la inevitable condena al franquismo.

LOS JUICIOS A LOS PUEBLOS VASCO Y CATALÁN

ANTE LA NEGATIVA de la España castellana de enjuiciarse a sí misma, los pueblos vasco y catalán han sido juzgados sin contemplaciones.

A modo de resumen de los casos vasco y catalán, indicar que son dos procesos consecutivos, ambos en el siglo XXI. El proceso a los vascos tiene lugar en la primera década de los 2000, y termina con la ilegalización de Herri Batasuna (HB) en 2003 y su líder (Arnaldo Otegi) en prisión. Luego continúa por medio del Partido Nacionalista Vasco (PNV), cuyo líder Juan José Ibarretxe toma el relevo de la libertad vasca e inicia un proceso político de consulta de libre determinación al pueblo vasco (años 2003-2009), de un modo similar al iniciado por los catalanes. La oposición política, judicial, mediática y eclesiástica es radical (como lo es ante los catalanes), y tras un intenso debate político termina con el brazo armado ETA, que anuncia su cese definitivo de la violencia en 2011 y su disolución definitiva en 2017. En este proceso, se reconstruye el proyecto político de liberación vasco, pese a no contar con la mayoría parlamentaria necesaria para tramitar un referendo, y el partido PNV termina por renunciar a liderar las aspiraciones de autogobierno vasco más allá de los actuales privilegios del Régimen Foral del Reino de Navarra y el actual País Vasco que, por precepto constitucional

(Disposición Adicional Primera), goza de independencia en el régimen tributario, fiscal o civil (resultado de la Ley Paccionada de 1841). Es decir, goza de un estatus económico privilegiado respecto al resto de regiones y nacionalidades españolas, derivado de su alta actividad económica y del derecho tácito de no participar solidariamente con el resto de España, que ejerce. En cambio, el desafío político y pacífico catalán, democrático, aparece en la consolidación de la represión a las demandas vascas (entre los años 2006 y 2010), con la singularidad de que los catalanes no cuentan ni pretenden contar con brazo armado, ni cuentan con derechos forales. Al contrario, Cataluña y el resto de reinos históricos catalanes (Valencia y Mallorca) están sometidos a la mayor carga fiscal de España, con la excepción de Madrid, que también goza de una carga fiscal equivalente pero se beneficia de los privilegios de disponer de las sedes de las principales empresas del Estado, y de gozar del beneficio de un gobierno cuyo proyecto principal es hacer de la capital de España un centro de poder económico, que siglos de capitalidad no han desarrollado de un modo natural. Sin embargo, pese a estas incuestionables evidencias, los catalanes son tratados de terroristas e insolidarios desde múltiples espacios, por no decir sectarios, en un lenguaje equivalente al utilizado para la campaña de estigmatización contra el proceso de liberación del pueblo vasco.

El juicio a los catalanes, después de varios años de desafíos por ambas partes (con desigual fuerza política, jurídica y mediática), se ha iniciado el mes de febrero de 2019. En este proceso, sin lugar a dudas, el sistema judicial español actúa como juez y parte defendiendo la unidad de España. Por otro lado, el aparato mediático estatal ha sentenciado el caso catalán ante la opinión colectiva, antes de empezar el juicio, y la sentencia es clara: son culpables. Se juzga a penas de 12 a 74 años de prisión a: Jordi Sánchez y Jordi Cuixart (representantes de la sociedad civil), y a Oriol Junqueras, Carme Forcadell, Joaquim Forn, Jordi Turull, Raül Romeva, Dolors Bassa, Josep Rull, Carles Mundó, Meritxell Borràs y Santi Vila (representantes políticos). Paralelamente, se evita la difusión del juicio para contener la capacidad crítica de la comunidad española e internacional y, sobre todo, para silenciar la voz catalana que cuestiona a la sentencia mediática y judicial preconcebida. De este modo se silencia, también, a la voz de las gentes y/o pueblos que cuestionan al orden establecido y se organizan para defender su libre expresión.

¿Y qué ha ocurrido, realmente, para llegar a estas condenas?

Vascos y catalanes han instado a sus representantes culturales, civiles y políticos, a ejercer su derecho a la libre determinación. Y se han organizado colectivamente para realizar un referéndum de autodeterminación para decidir si quieren seguir formando parte de España. Desean saber cómo quieren gobernarse, tras cuestionar la autoridad de un estado español que se niega a aceptar las singularidades vasca y catalana y ejerce instrumentos de dominación sobre ellas. Las causas de esta determinación popular son históricas. Forman parte de un proceso con un recorrido de cinco siglos de evidencias directas, desde el momento en que se institucionaliza la superioridad castellana sobre las naciones de España.

LA OPRESIÓN HISTÓRICA HACIA LOS CATALANES

Es INCUESTIONABLE LA opresión (simbólica y cultural) que los estados francés y español ejercen sobre el territorio de influencia catalana, que entronca con la región de Occitania, del mismo modo que es incuestionable el borrado de su historia común, desde hace más de tres siglos. Occitania y el Principado de Cataluña, junto con el resto de los reinos catalanes (Valencia y Mallorca), así como el Condado del Rosellón, son una entidad de origen medieval que, resultado de un pulso político y religioso, es objeto de descrédito, persecución y opresión. Este desafío cultural tiene varios episodios, y va acompañado del desmantelamiento previo de la autoridad de Aviñón, de la Orden de San Juan y del pueblo judío en estas tierras, así como el de las autoridades cátara y protestante, bajo el brazo católico inquisitorial. Todo ello en las mismas tierras desde las cuales se expande el modelo monástico benedictino por toda Europa Occidental (desde el monasterio de Aniana, junto a Montpellier y Aviñón), hará ya más de 1000 años.

Pero, pese a todo, los reinos catalanes mantienen su autoridad nacional, institucional, jurídica, económica y fiscal hasta el inicio del siglo XVIII. Es entonces cuando castellanos y franceses, bajo el proyecto Borbón, inician el desmantelamiento de la identidad nacional catalana imponiendo el absolutismo castellano en España. Este desmantelamiento es el resultado de una guerra dinástica internacional para el control de Europa (1701-1713), en la que los ingleses, los holandeses, los austríacos, los portugueses y los poderes de los Saboya acuerdan con los borbones el reparto de sus tierras y de los derechos del proyecto colonial. Con el Tratado de Utrecht, de 1713, que pone fin a esta guerra, se traza el destino de los catalanes, que son abandonados a la suerte del derecho de conquista, y el conflicto continúa en una contienda desigual entre catalanes y borbónicos. Hasta entonces los catalanes están al frente del pulso sucesorio al lado del resto de contendientes enfrentados a los Borbón. Los libros *The Case of the Catalans* y *The Deplorable History of the Catalans*, publicados en Londres en 1714, narran este proceso, y denuncian el abandono de los ingleses a los catalanes, después de haberlos instado a iniciar la guerra contra los Borbón bajo su protección.

El libro *The Deplorable History of the Catalans* (Anónimo b, 1714) es una formidable joya de la descripción de los hechos que acompañaron a las relaciones entre Inglaterra y Cataluña a principios del siglo XVIII, hasta la capitulación de los catalanes ante las tropas borbónicas, francesas y castellanas. Expone de forma impecable un relato periodístico escrupulosamente documentado que transporta a una época que ahora recobramos con gran ímpetu. Está editado en Londres y se data en 1714, el mismo año en que Barcelona capitula ante los borbones Felipe V de España y Luis XIV de Francia (nieto y abuelo), y no contiene las pragmáticas aportaciones que más adelante impulsan a los mismos historiadores ingleses a relativizar su responsabilidad ante estos hechos. En él se expone como los hilos del poder y de la lucha de ideales llevan a los ingleses a

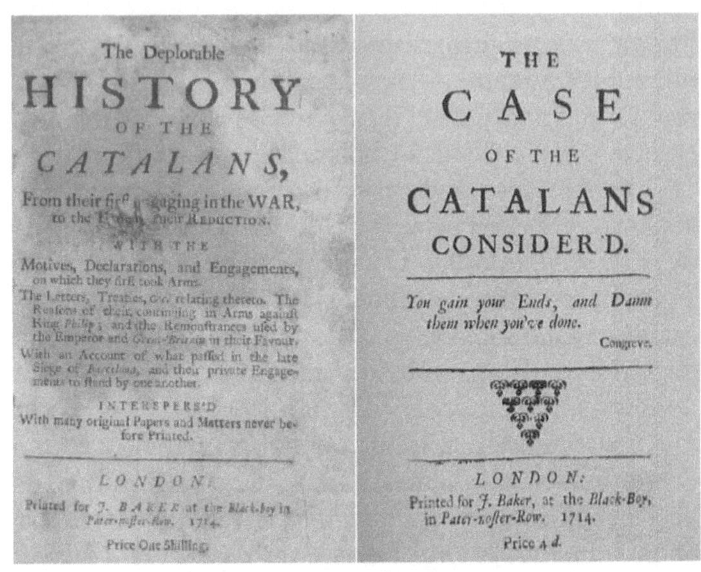

A la izquierda *The Deplorable History Of Catalans*, publicado en Londres, 1714. A la derecha *The Case Of The Catalans Consider'D* publicado en Londres en 1714.

plantear a Cataluña un alzamiento contra los Borbones a favor de quien ellos -junto con los holandeses, portugueses, la casa de Saboya y la casa de Austria- consideran el legítimo heredero de la corona de España: el archiduque Carlos de Austria. Convencer a los catalanes es determinante para adentrarse en esta lucha junto a aragoneses y valencianos. Este libro, juntamente con el titulado *The case of the Catalans consider'd* (Anónimo a, 2014), también del 1714 y publicado en Londres, expresa el valor y la firmeza de los catalanes al defender sus libertades y privilegios alcanzados desde tiempos inmemoriales, y repudia la actitud de la corona inglesa, después británica, por no poder y no saber garantizar los valores de los catalanes, los mismos valores que dignifican al pueblo inglés, el cual desde entonces consideran que dejará de ser un pueblo digno de confianza. La reina Ana de Inglaterra exalta a Carlos de Austria y al Principado de Cataluña en su lucha por la defensa de un orden europeo más libre y equilibrado. Pero cuando ve los costes materiales y humanos que supone, tras la derrota de Almansa ante las tropas borbónicas, y tras la muerte inesperada del emperador romano germánico José, que supone la coronación de este imperio a favor de su hermano Carlos, cambia de opinión y traiciona a los catalanes. Inicialmente, Inglaterra promete defender y garantizar las libertades y privilegios de los catalanes en el pacto de Génova de 1705, pero a la hora de la verdad canjea este pacto por otro, comercial y estratégico, en el que obtiene numerosas tierras de España, entre ellas Gibraltar (que es ocupada por los catalanes), pero también Menorca, y Nueva Escocia, la bahía de Hudson y Terranova de Francia; derechos y el control del colonialismo de Europa ante el mundo. Este pacto permite que Felipe V haga suya la venganza contra quienes él considera rebeldes y a los que aplica el Decreto de Nueva Planta, con la desaparición así del prestigio de la nación catalana, de su existencia institucional, y de la mayor parte de sus derechos y privilegios que siglos de historia han forjado. En estos libros se muestran documentos que muestran que el abandono a los catalanes es reiteradamente expuesto durante las intensas negociaciones que preceden al Tratado de Utrecht (1713) y sucesivos (hasta 1725), y cómo es reiteradamente negado y manipulado por los diplomáticos franceses y castellanos. Se muestra también cómo los catalanes, reforzados con los refugiados aragoneses y valencianos, hacen suya la lucha contra los borbones con una excepcional muestra de dignidad y valentía defendiendo

Barcelona como nunca antes se ha visto, con la ayuda de los mallorquines y el suministro de alimentos proveniente de Nápoles y Argelia. Del conjunto de documentos transcritos resalta la respuesta dirigida al rey y emperador Carlos de los representantes del Principado de Cataluña, el Consejo de Ciento, la Diputación y el Brazo Militar, conocidos como los Brazos de Cataluña, ante su decisión de garantizar y atender la evolución del proceso de paz, iniciado en los congresos de Utrecht, abandonando Barcelona. Dignifican la decisión, pero no renuncian a defender sus derechos y privilegios ante la desigual fuerza que los deja prácticamente solos ante los borbones franceses y castellanos, reforzados con aquellos pactos. Sus palabras, dirigidas a quien consideraban su legítimo conde y rey, fueron: "Nos consideramos obligados a hacerlo por razón de nuestro deber para con Dios y para con su majestad, por la seguridad y tranquilidad de Europa, la libertad de España y la liberación de la nación catalana".

Desde entonces, los catalanes defienden sus privilegios y libertades labrados a lo largo de los siglos, gracias a un sistema parlamentario altamente institucionalizado que forma parte de la historia de la democracia en Europa. Pero los catalanes son derrotados, y con ello se desmantela su sistema parlamentario, así como sus derechos históricos. En su lugar, en toda España se impone una institución intrusa sin vocación parlamentaria, bajo el modelo castellano e inquisitorial, que la historiografía oficial se empeña en dignificar por activa y por pasiva. La creación del mito castellano como fundadora de España, que se ensalza entre los siglos XIX y XX, forma parte de este proceso, así como el proceso inverso que hace de la catalanidad una invención (que niega la catalanidad hasta la extenuación), en las mismas fechas.

LA MANIPULACIÓN DE LA HISTORIA

OMO RESULTADO DE la manipulación de la historia se crean imaginarios históricos politizados que se transforman en las bases del anticatalanismo. A lo largo de siglos de censura dedicada a los intereses del poder se reescribe, y se borra, la historia real, creando una contradicción estructural: negando y discriminando la identidad de los pueblos no castellanos, y ensalzando la superioridad de la autoridad castellana y sus derechos sobre España. Dichas afirmaciones están basadas en múltiples evidencias y contradicciones contrastadas. Sirvan de ejemplos la existencia de la Escuela Cartográfica medieval de Mallorca (integrada políticamente al sistema político del Principado de Cataluña), así como la creación del *Llibre del Consolat de Mar* de 1320, el libro de derecho marítimo compilado en Valencia que tiene su origen en Barcelona casi un siglo antes, y que se convierte en el fundamento del derecho marítimo internacional. Dichas evidencias dan fe de la singularidad catalana y de su apuesta por el poder marítimo y comercial, en una época en que el control financiero y político es de raíz judía y existe una alianza entre cristianos y musulmanes bajo la capitalidad de Constantinopla, así como bajo la autoridad del Preste Juan en toda Eurasia y el norte de África. En aquellos entonces, los catalanes forman parte de la autoridad de la Orden de San Juan, cuando todavía no existen los ejércitos modernos que darán pie al proyecto colonial europeo. Y, resultado del traslado de poderes de Constantinopla hacia la Roma italiana, iniciado en 1453, el príncipe de los reinos catalanes e italianos de la Corona llamada (desde entonces) de Aragón, pasan a acumular poderes significativos cuyo máximo exponente será su entrega al emperador Carlos.

Con la muerte de Fernando el Católico, conde de Barcelona, rey de Aragón y regente de Castilla, en 1516, el rey y posterior emperador Carlos une a los dominios de los Habsburgo los principales poderes de la corona catalana, que son: el Principado de Cataluña, los territorios del Rosellón y el resto de la "Cataluña Norte", los reinos de Aragón, Valencia, Sicilia, Nápoles y, de manera singular, las dignidades (titulares) de duque de Atenas y Neopatria, rey de Hungría, rey de Jerusalén y emperador del Imperio romano, junto con una acumulación (inédita e imposible durante la Edad Media) de condados, ducados y reinos procedentes de los dominios Habsburgo, y de Castilla (Morales-Roca, 1988). Según el historiador Jerónimo Zurita (1580), Fernando el Católico recibe los derechos de emperador del Imperio romano de Andrés Paleólogo, en 1502, mientras que según otras fuentes la dignidad de emperador romano es compartida con el zar de Rusia, como legítimo heredero (por eso luce en su bandera el águila bicéfala romana). Por otro lado, es Fernando quien, con sus tropas, ocupa Granada en 1492 y la Alta Navarra en 1512, con la colaboración de Castilla, del mismo modo que toma posesión de parte del norte de África, en Túnez, Argelia y Marruecos. En este sentido, destacar que en su testamento de 1516 indica que deja a su hija Juana (entre otros poderes) las ciudades de Bujia, Argel y Trípoli y "la part Nos pertany a las Indies de la Mar Oceana" (escrito en catalán) (Sans, 2012), sin aclarar si se trata de una parte compartida con Castilla o con Portugal. Y esto es significativo. Si se refiere a la parte compartida con Portugal, resultado del Tratado de Tordesillas (1494), querría decir que se trata de la totalidad de la empresa que la historia oficial ha terminado atribuyendo a Castilla y que el conde de Barcelona y rey de Aragón declara propia. Si se refiere a la parte compartida con Castilla no hay ningún documento que lo avale. En su lugar, la historia oficial afirma que el honor de la empresa colonial corresponde exclusivamente a Castilla y que no tiene nada que ver con los catalanes ni los aragoneses. Es decir, la historia oficial, pese exponerlo como un hecho relacionado con el orden feudal catalán y el carácter jerárquico y militar castellano (según se dice más óptimo para la empresa colonial) no da una explicación satisfactoria. Se muestran numerosas contradicciones, que desautorizan a la historia oficial. De algún modo, el poder del rey Fernando que acumula su hija Juana es desposeído, como lo es la dignidad histórica de la reina Juana, que la historia oficial ha convertido en una "loca". Por otro lado, numerosas dudas aparecen respecto a la unidad del dominio de los Habsburgo en la Europa de los siglos XVI y XVII y la empresa castellana de la colonización.

Castilla se apropia de la empresa colonizadora y (según dice la historia oficial) el poder estratégico de los monarcas se traslada al centro, sur y oeste peninsular, precisamente cuando el monarca ostenta el poder en media Europa (inaudito). El nuevo monarca de la familia imperial de los Habsburgo asume el control del estamento militar que, hasta entonces, se encuentra capitalizado por el estamento nobiliario y controlado (a efectos internacionales) por la Iglesia romana, en un proceso materializado antes en Castilla por parte del conde de Barcelona, Fernando el Católico. Paralelamente, el conde y rey Fernando, con el fin de controlar sus dominios, establece nuevas instituciones de gobierno, como es el caso del Consejo Supremo de Aragón (en 1493), y crea, por primera vez, una institución representativa de la dimensión de una Corona que hasta entonces se concibe como una confederación de estados. Es decir, facilita la transformación de la Corona en una autoridad internacional pero, a pesar del éxito de sus acciones, su nieto del clan de los Habsburgo (heredero también de los dominios de Castilla y de media Europa) centra su estrategia en el fomento de Castilla para el liderazgo de la colonización, que comparte estratégicamente con el rey de Portugal. Sin duda, se trata de un sinsentido histórico. El hecho de no usar todo el poder europeo para la empresa colonial, como lo es no hacer uso del poder financiero, marítimo y militar catalán, por no decir el poder simbólico en lo religioso e imperial, que llega a acumular, es una contradicción. Pero existe un hilo que aporta significado y apunta al borrado de la historia real. Por un lado, la persistente censura y destrucción documental de la Santa Inquisición española entre los siglos XVI y XVIII (que podría incluir falsa producción documental). Por otro, la estigmatización de la Orden del Templo de Salomón que, en determinado momento, pasa a ser de San Juan y tiene, desde sus orígenes, sello catalano-occitano-provenzal, así como su posterior decadencia a favor de los ejércitos europeos al servicio de los estados imperiales. Existen razones para plantear la duda razonable de la manipulación sistemática de la historia, con un claro y evidente impacto hacia el caso de los catalanes.

Cataluña, la Orden de San Juan, el Papa de Roma y Constantinopla caen como autoridades simbólica, eclesiástica y militar aliadas a lo largo de los siglos XIV y XVI, coincidiendo con la inflexión del traslado de los poderes a los imperios español (que es castellano) y portugués.

Como reflejo de esta singularidad catalana, el Principado de Catalunya es el único Estado de la Corona que integra en las Cortes a procuradores de la Orden de San Juan, la orden militar más relevante de la Iglesia romana en la Edad Media, una vez capitaliza a sus órdenes las posesiones y la misión de la Orden del Templo de Salomón (Morales-Roca, 1983, p. 20-22). En este sentido, cabe destacar que la presencia del brazo eclesiástico en el Principado tiene una singularidad preferente dentro de los reinos de la Corona de Aragón, ya que en el resto no preside la Generalitat por defecto ni se encuentra representada la Orden de San Juan (la orden principal del Papa de Roma), que tiene en Cataluña el Gran Priorato. El Gran Priorato le otorga el control de la autoridad papal y geoestratégica sobre el conjunto de la Corona pero, a su vez, la autoridad de esta orden se extiende sobre todos los reinos de Hispania (incluidos Portugal, Castilla y Navarra) en nombre de la Corona de Aragón, antes de subdividirse, en 1462, entre las organizaciones territoriales de Castilla (que incluye Portugal) y Aragón (que incluye Navarra)[1], en una división que se mantiene efectiva hasta el siglo XVIII, momento en que la orden

---

1   Fuente: web oficial de la Orden de Malta. En línea: https://www. orderofmalta.int/es/historia/de-1048-a-nuestrosdias/?lang=es [Consulta: septiembre de 2018).

se transforma en otra entidad de menor rango y entra en crisis. Estos hechos tienen lugar una vez Europa se reordena, tras las largas luchas entre los Habsburgo y los Borbones que coinciden, de manera sorprendente, con una época en la que los principales grandes maestros de la orden son catalanes mallorquines, en contraposición al dominio tradicional de la órbita francesa, occitana y provenzal. Es el caso de los grandes maestros de la Orden de San Juan: Rafael Cotoner de Olesa (1660-1663); Nicolás Cotoner de Olesa (1663-1690) y Raimon Ravassa Parellós Rocafull (1697-1720), este último sobrino de los Rocabertí, la máxima autoridad catalana en el Orden del Templo de Salomón, y descendiente de los Rocafull, la máxima autoridad de la Casa de Montpellier en tiempos de Jaime I, por su condición de estar unidos a la casa imperial romana de los Comneno, que se emparenta primero con los señores de Montpellier y luego con los condes de Barcelona. Los Rocafull son los herederos legítimos de los dominios de la Casa de Montpellier en el caso de que Jaime I (hijo único) no pueda recibir los poderes, según el testamento de María de Montpellier y Comneno, la madre de Jaime I[2].

Es decir, los catalanes dominan la autoridad papal de la Orden de San Juan dentro de una Corona que controla los reinos de Hispania bajo su tutela hasta 1462, año en que se divide su dominio entre las "lenguas" de Castilla y de Aragón. Desde la creación de este reparto territorial (al inicio del siglo xiv) hasta 1462, la provin-

---

2 Consulta del testamento en http://www.persee.fr/doc/ana-mi_0003-4398_1978_num_90_137_1714 [Consulta 15 de Noviembre de 2016].

cia de la Orden de San Juan de Hispania es una conjunta y es la de Aragón.

En esta línea, cabe añadir que Cataluña, junto con Aragón, Valencia, Cerdeña y Navarra, tiene estructuradas las Cortes bajo la forma de estamentos independientes (iglesia, nobleza y síndicos de ciudades o villas), mientras que Castilla no tiene estructura estamental, es decir, el rey tiene poderes casi absolutos (Morales-Roca, 1983, p. 14). Por otro lado, hay que resaltar que, en los reinos de Portugal y de Valencia, la Orden del Templo se estructura en órdenes alternativas a la Orden de San Juan y mantiene la independencia hasta el siglo XVI. Se trata de las órdenes de Cristo y Montesa, en los reinos de Portugal y Valencia, respectivamente (Sans i Travé, 1999). Asimismo, lo que diferencia más a Cataluña de Castilla es su integración en el proyecto papal a través de insignes representantes del orden eclesiástico internacional y cargos significativos al servicio de la Orden de San Juan, así como la autoridad de los papas Borja, el último de los cuales impulsa (junto con los Della Rovere) el proyecto de San Pedro del Vaticano y la empresa evangelizadora que acabará legitimando (oficialmente) los dominios de Castilla y Portugal en medio mundo (provocando, o materializando, un cisma en Europa). La siguiente relación de personalidades catalanas asociadas a la empresa papal dan fe de ello:

❖ Hug de Pinós (1067-1117), eminente caballero de la Orden del Templo de Salomón, contemporáneo y de nombre similar al del fundador de la orden, Hugues de Payns, que significa lo mismo ("Pinós"). A título informativo, cabe resaltar que el manuscrito núm. 7.377 de la Biblioteca

Nacional de Madrid, fechado en 1662, indica que fue el primer Maestro. Se titula "Declaración de la inscripción griega de la cruz de San Esteban de Bagá, cabeza de las baronías de Pinós, guión de la armada que tomó Tierra Santa, año de 1110. Hugo de Bagá, primer Maestro del Temple" y hace referencia a la Cruz de Bagà (Barcelona) que aún custodia la iglesia de San Esteban, en los Pirineos catalanes.

❖ Ramon Berenguer III de Barcelona y de Provenza (1082-1131). Casado con Dulce de Provenza (1113-1131), unifica las barras rojas sobre fondo amarillo (señal del conde de Barcelona) en ambos condados, en tiempos de la fundación de la Orden del Templo de Salomón, en la misma Provenza. Es el primer conde que forma parte de la orden templaria.

❖ Pedro el Católico (1177/78-1213), conde de Barcelona y rey de Aragón, señor de Montpellier por su matrimonio con María de Montpellier y Comneno (en 1204), de sangre imperial bizantina. Es nombrado Estandarte de la Iglesia Católica por la hazaña de la batalla de Navas de Tolosa, en 1212, pero es muerto por una cruzada papal dirigida contra los cátaros, que él defiende el 1213. Pedro y María son los padres de Jaime I el Conquistador y María es enterrada en San Pedro del Vaticano (Garibay y Çamalloa, 1628, p. 26), junto a la hija Petronila del Apóstol San Pedro (a día de hoy se ha perdido el rastro).

❖ Roger de Flor (1266-1305), caballero templario italiano al servicio de la corona catalana, que participó en la defensa de Constantinopla ante los turcos, llegando a convertirse en César. Fue muerto junto con su séquito en una traición y llevó el dominio catalán a los ducados de Atenas y Neopatria, en nombre de los Almogávares. Su escudo es una flor de lis roja sobre fondo blanco, el escudo de Florencia. Se trata de un personaje icónico del cual se conoce poco, que defendió el cristianismo como lo hizo San Jorge, en Anatolia, de hazaña similar a la narrada en la crónica de *Tirante el blanco* (escrita por Joanot Martorell y Martí Joan de Galba (del año 1490), donde un caballero de Occidente lidera una lucha contra los turcos para salvar el Imperio bizantino).

- ❖ Juan de Aragón (hijo de Jaime II, rey los años 1304-1334) – Patriarca de Alejandría (1328-1334).

- ❖ Papado de Aviñón (1307-1377), y posterior cisma con Roma (1377-1417) en la época de máxima influencia de los dominios de la Orden de San Juan en el Mediterráneo, con sede en San Geli, junto de Aviñón, una vez capitaliza la misión de la Orden del Templo de Salomón, que es oficialmente desmantelada en 1307 y suprimida en 1312. Destaca el papa Luna (1328-1423), cercano a la Casa de Barcelona y, según otras fuentes, linaje real catalán, que fue el último papa de Aviñón y acabó refugiado en Barcelona. Época de esplendor de la casa condal y real catalana, con capital en Barcelona a lo largo de toda la Edad Media.

- ❖ Bernat de Gualbes i de Nager (siglos XIV-XV) – Cónsul de Alejandría, embajador del rey ante el sultán de Egipto y de Babilonia ("El Cairo", de nombre Babilonia y conocida como *Al-Qahira* en árabe, que significa "la victoriosa").

❖ Lluís de Gualbes (hijo del anterior) (? -1439?) –
Gran Prior de Cataluña de la Orden de San Juan
(1427-1439). Su hermano Bernat votó a favor
(oficialmente) de Fernando de Antequera (sobrino de Martín I el Humano) en el Compromiso
de Caspe (1412), en una época en que la casa real
catalana es condestable de Castilla (de 1382 a
1453). Es decir, la nobleza catalano-aragonesa es
condestable de Castilla durante setenta años, co-
rrespondiendo a la máxima autoridad en ausencia
del rey, siendo el primero el conde de Ribagorza,
de sangre imperial bizantina, y el último Álvaro
de Luna, del linaje del papa Luna. [Cabeza del
linaje Gualbes: Pons de Gualbes i de Rovira, casado con Catalina Llorai; los Llorai y los Gualbes
fueron las familias más ricas del Principado en el
siglo xv, seguidos de los Bertran (emparentados
con los Colom); familia integrada al control de
la Orden de San Juan de Jerusalén, última resistencia cristiana ante el avance otomano, y última
fuerza militar de los últimos papas del siglo xv
como protagonistas de la última cruzada cristiana contra el Islam, que nunca se llegó a hacer].

❖ Francesc Climent Sapera (?-1430) – Patriarca de
Jerusalén (1419-1427).

❖ Antoni de Fluvià (?-1437?) – Gran Maestro de la
Orden de San Juan (1421-1437).

❖ Bernat de Vilamarí (?-1463) – Almirante de la
Corona y comendador de la Orden de San Juan
en Constantinopla en tiempos de la conquista
otomana (1453), que combate activamente contra los turcos al servicio de la Orden de San Juan
durante las décadas de 1440 y 1450, y señor de
Boadella (el Empordà, Cataluña). Los Vilamarí

fueron una importante familia implantada en el Empordà en el siglo XIV, de raíz incierta. Su escudo de armas son cuatro barras rojas sobre fondo blanco, similares al escudo del Reino de Hungría. En el siglo XV, hasta principios del siglo XVI, fueron los almirantes de la Armada del rey de Aragón, por derecho hereditario, y defendieron todos los ataques otomanos en la isla de Rodas, sede de la Orden de San Juan. Otros Vilamarí fueron Bernat de Vilamarí, obispo de Girona (?-1312), que asistió al concilio de Viena (Delfinado), donde se decidió suprimir la Orden del Templo de Salomón y entregar sus posesiones y misión a la Orden del Hospital de San Juan Bautista de Jerusalén; Berenguer de Vilamarí (?-1305) fue capitán de una galera de la Compañía Catalana de Oriente, que conquistó media Grecia, siendo muy probablemente ex-templario; la reina Sibila de Fortià i de Vilamarí (1350-1406), la última mujer del rey Pedro el Ceremonioso (1319-1387), con quien tuvieron a Isabel d'Aragó i Fortià (1376-1424), que casó con Jaime II d'Urgell (1380-1433), el pretendiente de la Casa de Barcelona al trono de la Corona de Aragón durante el Compromiso de Caspe; Ramon de Vilamarí, Doméstico de la Reina (1386), Castellán de Perpiñán (1396), Comendador de la Orden de San Juan en Avinyonet y Castellán de Ampurias.

❖ Jaume de Vilaragut i Vilanova (1403-1464), barón de Albaida, corsario. Nombrado general de la armada del Papa Calixto III (Alfons de Borja i de Llançol, que significa "luna y sol" tal y como lo proclama su escudo, Papa entre los años 1455 y 1458). Corsario que informó de sus aventuras a Joanot Martorell, quien las incluyó en su famoso libro *Tirante el Blanco*, ya citado.

* Calixto III (Borja) (?-1458) – Papa (1455-1458).
* Pere Ramon Sacosta (?-1467) – Gran Maestro de la Orden de San Juan (1461-1467).
* Arnau Roger de Pallars (1408?-1467?) – Patriarca de Alejandría (1457) y embajador en Roma (1455), obispo de Urgell e hijo del conde de Pallars (descendente catalán de los poderes imperiales bizantinos los Láscaris-Comneno desde el siglo XIII), fiel a Carlos de Viana.
* Fray. Pere-Antoni Ferrer (1421?-1472/73?) – Portaestandarte de la Iglesia Católica y Almirante de la Armada Pontificia en la campaña contra los otomanos de 1456, siendo Presidente de la Generalitat entre 1458 y 1461.
* René de Anjou (1409-1480) – Conde de Barcelona (1466-1472), rey titular de Jerusalén (1435-1480) y Gran Maestro del Priorato de Sión (1418-1480). Su hija Iolanda de Bar también fue Gran Maestro (1480-1483), siendo un linaje con tradición en dicho priorato. Eduardo de Bar ya fue Gran Maestro del Priorato de Sión (1307-1336), así como Juana de Bar (1336-1351).
* Jaume de Gialtru i de Gualbes (?-1481) – Gobernador militar de la isla de Rodas (1453-1479), Gran Prior de Cataluña de la Orden de San Juan (1460-1481), y Gran Refrendario y Lugarteniente del gran maestro de la Orden de San Juan (1453-1481).
* Alejandro VI (Borja) (1431-1503) – Papa (1492 hasta 1503). El linaje Borja emparentó con la casa real catalana y el bisnieto Francisco de Borja

i d'Aragó fue el III General de la Compañía de Jesús (1565-1572).

- ❖ Bernat Boïl (1440?-1507?) – Primer Patriarca, Arzobispo y Vicario Apostólico de las Indias Orientales y Occidentales (en 1493).
- ❖ Alfons d'Aragó (hermano del rey Fernando II) (1417-1495) – Conde de Ribagorza y de Cortés. Gran Maestro de la Orden de Calatrava (1443-1445) y primer Capitán General de la Santa Hermandad (1476), orden militar que sería el fundamento de la Superintendencia General de Policía, creada en el siglo XIX.
- ❖ Ferran d'Aragó (hijo del anterior) (?-1495) – Gran Prior de Cataluña de la Orden de San Juan (1481-1495). Hermanos, hijos y sobrinos fueron caballeros de la Orden de San Juan, en el siglo XVI.
- ❖ Fernando II el Católico (1452-1516) – Rey titular de Jerusalén (1504-1516) y emperador del Imperio romano (Zurita, 1580).
- ❖ Alfonso de Aragón (hijo de Fernando el Católico y de la catalana Aldonça Roig) (1470-1520) – Patriarca de Jerusalén y Gran Prior del Santo Sepulcro (1507-1520).

Así pues, los catalanes (junto con los genoveses y venecianos, representativos de la autoridad marítima medieval) defienden el cristianismo y el Imperio romano, antes de que su conde y rey alcance las dignidades titulares del reino de Jerusalén y del Imperio bajo la figura de Fernando.

Asimismo, las pruebas documentales que han sobrevivido a las lagunas y las contradicciones del relato histórico, en el caso de los catalanes, sobrepasan el significado de la lista anterior. Destaca la extensa base documental del *Arxiu Reial de Barcelona*, transformado en el Archivo de la Corona de Aragón por orden de Felipe V de Borbón a mediados del siglo XVIII (desde 1738, el mismo año en el que se crea la Real Academia de la Historia en Madrid), después de dos décadas siendo intervenido y estando clausurado (desde la capitulación de Barcelona, en 1714). Dicho archivo, junto con el resto de los archivos catalanes, entre los cuales cabe resaltar el *Arxiu de Protocols de Barcelona*, con fondos desde el siglo XIII (comparable en calidad al archivo equivalente de Génova), da fe del grado de institucionalidad catalán y de su rol preeminente en el orden europeo medieval. Asimismo, todos los archivos estuvieron bajo el control de la Santa Inquisición. Sin ir más lejos, el *Arxiu Reial* barcelonés estuvo en la sede de la Santa Inquisición desde el siglo XVI al XIX. Toda la documentación estuvo sometida a la férrea censura imperante en Europa, con el brazo inquisitorial ejerciendo, a su vez, la función de destrucción documental. Basta nombrar la desaparición de los mapas anteriores al siglo XVI (cuyos ejemplares que han sobrevivido estuvieron ocultos hasta los siglos XIX y XX), así como la intensa quema de libros y el expolio de las bibliotecas de Alejandría (el archivo patriarcal), Constantinopla y Trebisonda entre esos mismos siglos, así como la intensa quema y expolio de bibliotecas que caracteriza a España en la era moderna, hasta el siglo XX (hasta la Guerra Civil de 1936-1939). De entre estos expolios, a efectos históricos relacionados con este texto, destaca el del conjunto de bibliotecas nobiliarias catalanas (y aragonesas), realizado con motivo de la Guerra de sucesión española (siendo este el origen de la Biblioteca Nacional de España, en 1712).

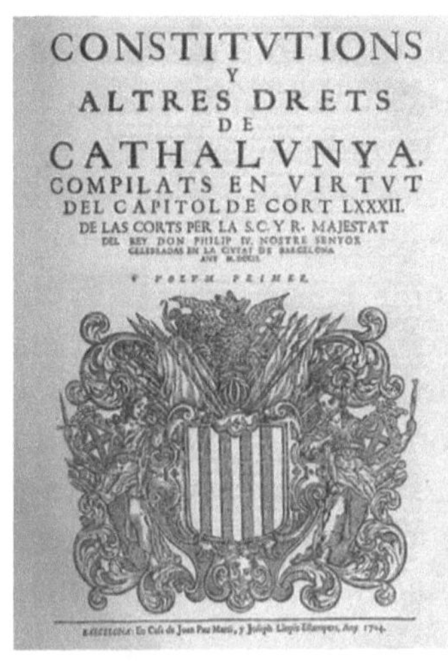

A la zquierda: 1704, Compilación de las *Constitutions y Altres Drets de Cathalunya*, en virtud de las Cortes de Barcelona de 1701, firmadas por el rey Felipe V y escritas en catalán. A la derecha: 1706, Compilación de las *Constituciones, Capítulos y actos de la Corte*, en virtud de las Cortes de Barcelona de 1705, firmadas por el rey Carlos III y escritas en catalán.

Es decir, la Biblioteca Nacional de España con sede en Madrid tiene su origen en el motín documental de las bibliotecas de los reinos catalano-aragoneses que, por cierto, nadie ha devuelto. Ni existe, oficialmente, la documentación que informa de su procedencia específica. Pero, pese a las evidencias de múltiples intervenciones de carácter político y/o religioso (que apuntan a una manipulación sistemática), destaca un documento incuestionable que ha persistido (a duras penas) a su borrado integral: las *Constitucions de Cathalunya* aprobadas y defendidas en las cortes catalanas desde el siglo XII hasta 1706, teniendo sus fundamentos en el derecho consuetudinario (es decir, en las costumbres reguladas por ley) del siglo XI.

Asimismo, desde España se pone en duda la manipulación histórica desde los círculos institucionales, que son quienes a su vez han labrado su particular juicio histórico a los catalanes desde hace siglos. Nadie con un mínimo grado de responsabilidad institucional explora ni plantea explorar la manipulación de la historia. Pero el simple hecho de que nadie (o casi nadie), en España y en el seno de Cataluña, conozca y entienda el sentido de la denominación del Principado de Cataluña, por no decir su sistema parlamentario y los privilegios y libertades de los catalanes labrados en sus Constituciones, es una señal de esta deliberada manipulación. En su lugar, se ha difundido el imaginario de la inexistencia de la singularidad catalana, se evita cualquier referencia a los documentos históricos mencionados en todos los libros de historia oficiales de la educación básica, y se ensalza la unión de las coronas de Castilla y Aragón sin mencionar a su incuestionable catalanidad. Por otro lado, en ningún lugar se informa que la unión entre el rey de Aragón y el Conde de Barcelona fue una entrega del primero al segundo, que desde entonces es tratado como rey y príncipe de los aragoneses. Al contrario, en contra de la veracidad histórica se ha creado el imaginario de la absorción del condado de Barcelona en el Reino de Aragón, que persiste en el imaginario histórico español desde hace más de un siglo.

1137, Comunicado del Rey Ramiro de Aragón a sus súbditos de la donación de su hija y de su reino al conde Ramon Berenguer de Barcelona. Pergaminos de Ramón Berenguer IV, núm. 85. Localización del documento y fuente de la imagen: Archivo Real de Barcelona, http://www.mecd.gob.es/cultura-mecd/areas-cultura/archivos/mc/archivos/aca/exposiciones-virtuales/expo-patronato/exposicion/archivo-historia/historia-general.html (consulta 18 Jul. 2016).

Transcripción al castellano, procedente del Archivo Real de Barcelona (llamado de la Corona de Aragón):

Es por todos conocido que yo, Ramiro, por la gracia de Dios rey de Aragón, entregué mi hija a Ramón, conde de Barcelona, junto con todo el honor de mi reino. Ahora también, con libre voluntad y fuerte amor de corazón, quiero, ordeno y mando a todos mis hombres, caballeros, clérigos y peones, que los castillos y fortificaciones y todos los honores los tengan y posean en adelante por el mismo conde Ramón como por rey deben tener y poseer, y que le guarden fidelidad y obediencia en todas las cosas así como a rey. Y para que sobre esto nada pueda ser pensado o maquinado por nadie, le dono, otorgo y concedo todo aquello que me había reservado en aquella misma carta de donación que le había hecho inicialmente, al entregarle a mi hija. Yo, Ramiro, rey de Aragón, le dono y otorgo todo lo arriba mencionado a Ramón, conde de Barcelona, y se lo ratifico firmemente, a fin que todo lo que ahora le doy y lo que ya tenía lo retenga perpetuamente a mi servicio y fidelidad. Fue hecho más arriba de Zaragoza en los idus (13) de noviembre, en presencia de muchos hombres nobles del reino de Aragón asistentes al acto, en el año de la encarnación del señor CXXXVII después del milenio (1137), año de la era de mil CLXXV. Todas las cosas arriba mencionadas las otorgo y ratifico firmemente como mejor las tuvo alguna vez mi hermano Alfonso (el Batallador), y para que las tenga todas perpetuamente bajo la fidelidad debida a mi persona.

Signo del rey, Alfa + Omega, Ramiro.

Signo de Ponce, escribano del conde, que lo escribió por orden del rey.

Sin lugar a dudas, la manipulación histórica ha sido, en este caso (y en el resto de casos equivalentes), el juicio primordial que todo poder intruso ejerce al vencido. Del mismo modo, se ha creado otro relato manipulado, con más radicalidad (fanática), respecto a los pueblos árabe y judío peninsulares que, dicho sea de paso, forman parte de la catalanidad y conviven con el pueblo cristiano (en los reinos catalanes), desde sus inicios fundacionales, como convivió con ellos el gnosticismo cátaro y su cosmovisión de Dios.

El grado de manipulación documental, en la producción de libros y en los propios archivos reales (y papales), en este sentido, apunta a ser mayúsculo. Existen pruebas de una manipulación histórica y cronológica de la historia, para crear y alterar el capital simbólico, de alcance internacional, que afecta al propio relato bíblico del pueblo de Israel y su relación con el Egipto faraónico. Sin ir más lejos, en el siglo XVI, el papa Alessandro Farnese (Paulo III), hermano de Giulia Farnese, la amante del papa Roderic Borja (Alejandro VI), y papa fundador de la Compañía de Jesús, entrega al emperador Carlos V un árbol genealógico (realizado en 1536) del príncipe Felipe (futuro rey Felipe II), haciéndolo descendiente directo de Osiris, entendido como nieto de Noé y padre de Horus, llamado también Hércules egipcio. Y no es un caso aislado. Ya existía otro árbol similar dedicado a los Reyes Católicos realizado por Giovanni Nanni en tiempos del papa Roderic Borja, el Papa Alejandro VI que lideró los primeros pasos del proyecto colonial ibérico (siendo Papa entre los años 1492 y 1503)[3]. Desde entonces (siglo XVI) abundan

---

3   Fuente: La Vanguardia. Entrevista "La asombrosa relación entre Osiris y Felipe II" realizada a la historiadora Elisabeth Garcia Marrasé, la autora de la tesis doctoral que habla de ello, y publicada el 5 de marzo de 2019. En ella se trabaja el árbol genealógico de Su Majestad el rey Felipe II, denominada "Genealogia illustrissime Domus Austrie" y entregada por el Papa Paulo III (Alessandro Farnese, el hermano de la famosa Giulia Farnese, la amante de Roderic Borja, al emperador Carlos V. En dicha entrevista también se hace referencia a la existencia de otro árbol genealógico realizado con anterioridad por Giovanni Nanni, conocido por Annio de Viterbo, para los Reyes Católicos (en tiempos del Papa Alejandro VI, Borja), en donde, según parece, también se los hace descendientes de Osiris y de otros seres divinos provenientes de otras culturas.

asombrosos orígenes bíblicos de los reyes de España, que se difunden hasta el siglo XIX (obras hechas por jesuitas) y, desde entonces (siglo XIX), son desechados, coincidiendo con el culto renovado a la arqueología egipcia. Es decir, la propia Compañía de Jesús, quien lideró la reconstrucción de la historia de Europa y medio mundo entre los siglos XVI y XVIII, ha tendido a crear y repensar el pasado y el de los orígenes sagrados de los reyes y emperadores cristianos, en una etapa oscura de la historia marcada por la persecución y la quema de libros de manos de la Santa Inquisición.

LA GÉNESIS DEL FRANQUISMO

SEA CUAL FUERE el alcance del revisionismo histórico que se desarrolla en Europa en los últimos siglos (al margen del rigor científico), la cuestión es que el caso de la historia de los catalanes es un episodio que Europa ha tendido a descuidar. Por múltiples razones, en el largo y doloroso proceso de formulación de sus estados, y de su difícil convivencia, a medida que se ha ido imponiendo el ejercicio del poder, esta historia reconstruida ha sido dirigida por los intereses de una España de esencia castellana. Asimismo, por lo general, con el paso del tiempo se ha normalizado un orden político, económico y sociocultural que ha sido capaz de consolidar una historia común, como ha ocurrido en Francia gracias a todo lo que representa la Revolución de 1789, o en Inglaterra con su epopeya colonial abierta al desarrollo del comercio, entre los siglos XVIII y XX. Pero en el caso de España este proceso todavía no se ha materializado. La cuestión de la historia ha sido hostigada con dos evidencias: 1) el fracaso de su proyecto colonial; y 2) sus innegables y numerosas rebeliones internas reprimidas por los poderes monárquico y/o militar, a lo largo de los siglos XIX y XX, con mayor o menor colaboración de la iglesia. Es en esta etapa cuando surge el patriotismo español peninsular, que se enfrenta al resurgir paralelo de la catalanidad, en una etapa en la que ésta renueva su estatus económico y reclama la reparación de la opresión simbólica, cultural e institucional ejercida por parte de los poderes fácticos de la monarquía Borbón. Este proceso se mantiene inalterable hasta el siglo XXI, debido a la resistencia de la catalanidad a desaparecer, y a sus deseos de ser tratada con respeto, por no decir por su derecho a recuperar su identidad, es decir su historia y su dinamismo sociocultural, que España niega.

Resultado de la castellanización forzada del conjunto de las naciones de la región de España, que se inicia en el siglo XVIII y se ha mantenido hasta la constitución española de 1978, España se niega a reconocer plenamente su identidad plurinacional, del mismo modo que le ocurre a Europa. Por razones políticas, económicas, religiosas y culturales, España y el orden europeo son coautores del desmantelamiento de la identidad nacional catalana. Lo fueron en el siglo XVIII, pero también en el siglo XX. Con el nacimiento de las Naciones Unidas, Europa no reconoció la singularidad del proceso colonial castellano, y España implementó la censura y la represión en defensa de su identidad castellana, a costa del resto de nacionalidades. En este contexto, el *Consell Nacional Català* (representativa de setenta mil catalanes organizados en el exilio, que les dieron su apoyo) presentó una apelación a las Naciones Unidas en abril de 1945 (Consell Nacional Català, 2010), en San Francisco, en el proceso de deliberación del derecho a reconocimiento y autogobierno de los pueblos que diseñó la Carta fundacional de dicha institución. Allí recordaron su lucha contra el fascismo y la persistencia del mismo en España, después de que éste hubiera sido vencido en el resto de Europa, y resaltaron la necesidad de reconocer los derechos históricos de los catalanes (y los del resto de nacionalidades ibéricas) para garantizar la paz, después de tres centurias de intensas hostilidades. Los catalanes reclamaron su derecho al autogobierno en el seno de una confederación de pueblos ibéricos. Por ello, se mostraron como una nación amiga bajo la ocupación fascista, pidiendo ser considerada como un caso especial en el seno de las Naciones Unidas, atendiendo a que no podía ser representada efectivamente. El mensaje fue claro, y la apelación fue registrada. Pero no hubo respuesta. Europa y las Naciones Unidas tenían otro proyecto para España, que se había aliado fuertemente con la autoridad moral del catolicismo romano. La carta de presentación de la apelación dice:

A los Estados Unidos de América, al Reino Unido de Gran Bretaña e Irlanda del Norte, a la U.R.S.S. y a la República de China, patrocinadores de la Conferencia de las Naciones Unidas sobre organización internacional, en San Francisco:

Dado que Cataluña (a pesar de su presente sujeción a España) es una nación bien definida (1), como lo prueba su historia y las características étnicas, su propio idioma, su literatura y cultura, sus leyes específicas, sus costumbres y sus tradiciones, y sobre todo su presente voluntad y deseo de recobrar su soberanía nacional;

Dado que Cataluña (por el hecho de no ser reconocida como nación) no se puede unir a las Naciones Unidas ni declarar la guerra a ninguna potencia del Eje y así ser admitida en la Conferencia de San Francisco;

Dado que Cataluña, por estar ocupada por las tropas fascistas del general Franco, no puede proclamar su estado beligerante de facto contra el Eje ni pueden ser reconocidos oficialmente el gran número de sus hijos que luchan actualmente en los ejércitos de las Naciones Unidas;

Dado que Cataluña, en justicia, no puede ser clasificada como neutral, ni legalmente como aliada, pero sí como una nación amiga todavía bajo la ocupación de los nazis fascistas:

Dado que, por otra parte, las instituciones legales representativas de Cataluña han dejado de existir (por cuanto el presidente, Lluís Companys, fue ejecutado por Franco (2), y su Gobierno democrático abolido y dispersado);

Por lo tanto, nosotros, en nombre propio, como miembros del Consell Nacional Català (3) (Delegación en Estados Unidos), en nombre de 75.000 catalanes organizados en el hemisferio americano (4), y en nombre del pueblo de Cataluña, cuya voz se encuentra silenciada,

PEDIMOS a los patrocinadores de la Conferencia de San Francisco:

QUE, dadas las circunstancias especiales y la posición única de Cataluña; dado que Cataluña es una de las pocas naciones europeas los derechos nacionales de las cuales no han sido todavía reconocidos, CATALUÑA SEA CONSIDERADA COMO UN CASO ESPECIAL y, dado que no puede estar representada ni efectivamente tomar parte en las tareas de la Conferencia, LE SEA PERMITIDO PRESENTAR Y REGISTRAR LA PRESENTE APELACIÓN A LAS NACIONES UNIDAS ante sus representantes en San Francisco (5).

Nueva York, 14 de abril de 1945

J. Carner Ribalta J.M. Fontanals J. Ventura Sureda

Miembros de la Delegación en Estados Unidos del Consell Nacional Català de Londres.

(Registrados en el Departamento de Estado, el 28 de marzo de 1942.)

(1) Ver apéndice n.º 1.

(2) Se debe considerar que el Presidente de Cataluña es el primer y único jefe de una nación que ha sido ejecutado por el fascismo nazi.

(3) Ver apéndice n.º 2.

(4) Ver apéndices n.º 2a y n.º 2b.

(5) Y respetuosamente le pedimos como patrocinadores que tengan a bien cursar la adjunta Apelación al presidente de la Conferencia de San Francisco para que, a su debido tiempo, sea incluida en el Orden del día de la Conferencia.

En esta situación anómala, la catalanidad y el republicanismo español quedaron a merced del gobierno fascista franquista, quien ejerció una profunda represión con docenas de miles de víctimas que todavía nadie ha podido dignificar, ni juzgar a sus verdugos. Transcurridos varios lustros (1936-1975), el franquismo terminó, pero la democracia empezó con la prohibición de juzgar al franquismo, de modo que se mantuvo en el poder. Se impuso la *Ley de amnistía* de 1977, y Europa no lo impidió. España aplazó, de este modo, su correcta reconciliación, después de haber inculcado a dos generaciones el estigma a la catalanidad y el patriotismo nacional-católico castellano como símbolo y garante de la unidad de España. Su Majestad el rey Juan Carlos juró su cargo el 22 de noviembre de 1975 diciendo:

Juro por Dios, y sobre los Santos Evangelios, cumplir y hacer cumplir las leyes fundamentales del Reino, y guardar lealtad a los principios que informan al Movimiento Nacional.

El "Movimiento Nacional" es el ideal franquista (militar) y falangista (católico) radical que se alió con el fascismo nazi. De este modo, el orgullo del ejército y la iglesia españoles se mantuvo intacto, después de haber renunciado definitivamente al proyecto imperial de evangelizar (y ocupar) medio mundo bajo el derecho concedido por el representante de Dios ante su pueblo: el Papa; y bajo los brazos militar e inquisitorial. La España castellana había reconfigurado su imagen maltrecha, derrotada, y labró su nueva imagen internacional defendiendo a ultranza su unidad territorial sin renunciar a su castellanidad integral, bajo el espíritu simbólico del icono recuperado por el Caudillo (Franco): el Cid Campeador. Es decir, se inició la transición hacia la democracia, pero sin desmantelar el franquismo, que es quien ahora juzga indirectamente a la catalanidad. La *Ley de amnistía* de 1977 fue el resultado del juramento de la coronación del rey. Fue la "mochila" con la que se inició la transición a un sistema democrático, y el pilar jurídico pre-constitucional que impide, desde entonces, cuestionar el orden monárquico, militar, eclesiástico y jurídico que enlaza el fascismo con quienes ahora desean condenar a quienes reclaman el reconocimiento y autogobierno catalanes.

LA PERSISTENCIA DEL FRANQUISMO ANTICATALÁN EN LA CONCIENCIA COLECTIVA DE LOS ESPAÑOLES

COMO RESULTADO, PESE a la apertura democrática, se ha creado una situación anómala en la convivencia de las naciones de España, debido a la singularidad monárquica y nacional-católica de la castellanidad. Otras entidades plurinacionales, como el Reino Unido, Bélgica o Suiza, a lo largo de los siglos diecinueve y veinte han tendido a aprender a convivir, respetándose mutuamente. España ha hecho pasos adelante hacia su conciliación, en el último cuarto del siglo XX, pero este proceso ha sido insuficiente. Empezó condicionado por el interés de Europa en abrir sus fronteras a España, sin consenso, sin un debate y al margen de la voluntad de la castellanidad (y al margen de la voluntad del franquismo tácito), y ha iniciado un retroceso. Esta situación, en el caso de Cataluña, se ha agravado debido al persistente trato despectivo recibido, hecho que se añade a la cuestionable administración estatal de los derechos históricos y culturales de los catalanes, así como de una incuestionable fiscalización política y económica de Cataluña, Valencia y Mallorca. Todo ello, tal y como aquí se denuncia, está relacionado con la persistencia del franquismo anticatalán en la conciencia colectiva de los españoles.

En este contexto, los representantes civiles y políticos catalanes, con el apoyo cultural e intelectual de la catalanidad, han apoyado la voluntad del pueblo catalán en los últimos años. Ellos son los representantes de un pueblo unido que defiende sus derechos fundamentales, a quien se deben. Todos ellos desean expresar su opinión y mostrar su determinación a expresarse como nación, en un orden internacional justo, en el que no haya desigualdades impuestas entre las naciones y exista el derecho al reconocimiento mutuo, para el bien común. Pero, sobre todo, en el que no exista el desprecio por razones de origen, lengua o cultura.

No se trata de un desafío a la castellanidad en Cataluña. Se trata de un desafío a una españolidad castellana que no incorpora a la catalanidad como parte de su identidad, que no respeta su naturaleza plurinacional y ejerce la fobia y la represión al resto de naciones, con total impunidad, y que mantiene el fascismo franquista en su esencia. El catalán está prohibido en las cortes de España y en el ejército español, y está ampliamente rechazado en el sistema judicial de índole estatal. Por otro lado, en el ámbito político han surgido partidos como Ciudadanos y Vox, con distinto grado de fobia contra la catalanidad asociada al fanatismo patriótico español. Ciudadanos, surgido en Cataluña, manifiesta una marcada vocación de reprimir a la catalanidad, atentando contra su lengua y su identidad histórica, y promueve el imaginario de una catalanidad fascista ante la castellanidad catalana y el resto de España. Vox representa, en cambio, la voz del resurgimiento del Movimiento Nacional. Vox tiene en el punto primero de su estatuto programático acabar con el movimiento nacional catalán; proclama su intención de desmantelar los gobiernos regionales; y manifiesta públicamente la gloria del espíritu católico que expulsó al Islam de España, ahondando en la fobia contra los catalanes, contra el pueblo árabe y, en una marcada línea de ultra-derecha, la fobia contra el extranjero, en la línea del fanatismo histórico asociado a los genocidios étnicos. Mientras, a su vez, promueve una involución de los derechos ganados por las mujeres y la homosexualidad. Entre sus miembros, como ocurre con el Partido Popular, están las voces que reprimen la investigación de los crímenes del franquismo, miembros de la Fundación Francisco Franco (financiada por el Estado), y familiares de líderes franquistas que nadie ha podido juzgar. Vox ejerce la condición de acusación particular en el juicio actual contra los representantes catalanes, después de que el sistema judicial haya aceptado la constitucionalidad de sus acusaciones.

Pero la perseverancia del franquismo tiene otros rostros, aparte de las facetas monárquica, militar, jurídica y política. También está la voz de la iglesia. La Conferencia Episcopal Española, aliada de Franco a través del proyecto de la Falange Española ideada por José Antonio Primo de Rivera (hijo del dictador Miguel Primo de Rivera, que impuso una dictadura de la mano del rey Alfonso XIII entre los años 1923 y 1930), después de décadas de censura y represión en el seno de la iglesia española, ha seguido manteniendo su pasión por la gloria de España de forma intensa durante la democracia, manifestándose a su vez como apasionada por las gestas de las selecciones nacionales deportivas, y ensalzando el espectáculo taurino. A su vez, custodia y honora los féretros del Caudillo (Francisco Franco) y del fundador de la Falange (Primo de Rivera), en un templo extraordinario bajo la cruz más alta del mundo, de 150 metros de altura, a las afueras de Madrid, en la llamada Abadía de la Santa Cruz del Valle de los Caídos (por la patria). En el Valle de los Caídos se encuentran los restos de unos 40.000 combatientes de la Guerra Civil que Franco mandó enterrar allí. En muchos casos se trata de cadáveres sustraídos de sus cementerios originales sin el consentimiento de sus familiares.

Tal y como aquí se evidencia, la Conferencia Episcopal Española ha mantenido ejerciendo la función unitaria de la patria española en la conciencia colectiva. Pero la ejerce bajo el estigma de la pasión histórica. Debido a ello, ha puesto a insignes anticatalanes al frente de sus cargos y de su voz periodística, como Jiménez Losantos, y, desde el año 2010, ha creado 13TV, un canal televisivo donde difunde sus ideales, que se ha convertido en una voz de la fobia contra la catalanidad ensalzando la españolidad castellana. A modo de aclaración, la iglesia mantiene esta estructura mediática con las donaciones caritativas de los fieles católicos a través de la recolección en las iglesias, de la declaración de la renta de la ciudadanía española, y de sus participaciones en acciones o intereses empresariales, siendo en gran parte relacionada con el Opus Dei.

Las consecuencias de esta situación transcienden a un pulso por una identidad cultural, y forman parte de la aplicación de un derecho de ocupación histórico de carácter militar, monárquico e inquisitorial, dirigido en su origen por su majestad Felipe V de Borbón, en los inicios del siglo XVIII, que tiene su fundamento internacional en el Tratado de Utrecht de 1713. Dicho derecho ha intervenido al orden jurídico y político de forma clara, manteniendo su esencia, incluso, en el proyecto constitucional "democrático" de 1978. Es este derecho anómalo el que ahora juzga a la catalanidad, y se basa en el derecho del Gobierno de España a decidir qué pueden votar sus ciudadanos, y qué no. Está amparado por el principio de la indisoluble unidad de España (Artículo 2), por la supremacía de la lengua castellana (también Artículo 2), y por el deber de las Fuerzas Armadas de mantener su integridad territorial y el ordenamiento constitucional (Artículo 8). El mando supremo de las Fuerzas Armadas corresponde a Su Majestad el rey (Artículo 62, apartado H).

EL RESURGIR CATALÁN, Y LA REACCIÓN ESPAÑOLA

ANTE LA ANÓMALA transición a la democracia española, el pueblo catalán participó activamente del proceso de implementación del sistema democrático y social en España, iniciado desde la muerte del dictador Francisco Franco y tutelado por Europa. El balance fue, inicialmente, aparentemente positivo. Pero en el momento en que la catalanidad recuperó su dignidad, en el inicio de la década de los 2000, fue objeto de recelo. Cataluña ofreció normalizar el proceso de recuperación de su identidad y sus derechos a España, pero ésta se la negó. En su lugar, España empezó una campaña judicial contra la normalización de la catalanidad. El proceso, de forma resumida, fue el siguiente:

❖ 2006 – El Parlamento de Cataluña, el Congreso (y Su Majestad el rey) aprueban la modificación del Estatuto de Autonomía de Cataluña en el marco de la Constitución Española. Este Estatuto proclama que Cataluña es una nación; consolida la autonomía catalana dentro de España; y sitúa al catalán como lengua preferente de la administración pública en Cataluña, manteniendo la cooficialidad con el castellano.

❖ 2006 – El Partido Popular traslada al Tribunal Constitucional una demanda de inconstitucionalidad del Estatuto de Autonomía, en una campaña que se inicia en 2004.

❖ 2009 – Después de tres años de deliberaciones del Tribunal Constitucional, la sociedad catalana se exclama. El municipio de Arenys de Munt (Barcelona) organiza una consulta popular sobre el derecho a la autodeterminación de los catalanes, en una iniciativa que se extiende al resto de municipios entre los años 2009 y 2011.

❖ 2010 – Después de cuatro años de deliberaciones, el Tribunal Constitucional sentencia que el Estatuto de Autonomía es inconstitucional. La votación es de 5 votos a favor por 4 en contra, gracias a la mayoría de los magistrados propuestos por el PP, que mantienen de forma irregular su cargo a pesar de los seis años de presidencia del PSOE en España.

Resultado de ello, la catalanidad se reorganizó decidida y pacíficamente para defender sus derechos. Pidió ejercer su voz, su derecho a opinar. Pero ante la reiterada negación de España y el renacimiento de la hostilidad anticatalana, mostró su autoridad y se organizó con fondos y recursos propios, para votar un referéndum el día uno de octubre de 2017. Y votó, pese a una lamentable represión policial, derivada de la ausencia de carácter dialogante de la autoridad castellana. El resultado fue concluyente. Existe una mayoría de catalanes que desean dejar de formar parte de España, que es superior a la de los catalanes que desean seguir formando parte de ella. El 27 de octubre de 2017, los representantes políticos catalanes, con mayoría en el Parlamento catalán, resuelve la declaración de la República de Cataluña, conforme al resultado del referéndum del 1 de octubre.

LA PERSECUCIÓN JUDICIAL ANTE EL DESAFÍO CATALÁN

L A PERSECUCIÓN JUDICIAL española empieza tras la reacción del pueblo catalán, que se organiza para reclamar su derecho a expresar su derecho a la libre determinación. El proceso fue el siguiente:

❖ 2010-2014 – Masivas manifestaciones del pueblo catalán, que emplaza a sus representantes, de manera pacífica y ejemplar, a ejercer su derecho a la libre determinación. El Gobierno español se niega a negociar. El PP recupera el gobierno de España y emerge de nuevo el patriotismo español nacional-católico de tiempos del general Franco (neofascismo de ultra-derecha).

❖ 9 de noviembre de 2014 – Consulta popular sobre el derecho de los catalanes a ser un nuevo Estado de Europa. Gana el sí. Comienza la persecución judicial contra los representantes catalanes a favor del referéndum, y se impone la censura mediática.

❖ 2015-2017 – Se mantienen las grandes manifestaciones, en las que una amplia mayoría de los catalanes reclaman ejercer el derecho a la libre determinación. Los miembros de la Mesa del parlamento catalán y las entidades ANC y Òmnium hacen suya la defensa del derecho del pueblo catalán a la libre determinación y asumen la responsabilidad de cumplir con su voluntad, por el bien de los derechos fundamentales de la humanidad y por la dignidad de los catalanes. El Gobierno emplaza al Parlamento de Cataluña a echarse atrás y niega cualquier negociación. La Unión Europea no se pronuncia de forma clara.

❖ 20 de septiembre de 2017 – El Gobierno español interviene parte del Gobierno de la Generalitat de Catalunya como represalia por la determinación del Parlamento catalán para celebrar el referéndum el día 1 de octubre. La sociedad catalana sale indignada a la calle y los líderes catalanes defienden la libre indignación pacífica. Jordi Sánchez (ANC) y Jordi Cuixart (Òmnium), amparados por más de dos millones de catalanes organizados para ejercer el derecho a la libre determinación, participan de una decisión colectiva decidida a no ejercer resistencia a las fuerzas policiales, sin renunciar a su derecho a voto por el bien de la justicia universal.

❖ 1 de octubre de 2017 – El pueblo catalán se organiza para realizar un referéndum vinculante, vota y gana el Sí a la independencia. El pueblo catalán defiende pacíficamente su derecho a voto a pesar de las amenazas de España y sus fuerzas armadas, y más de dos millones de personas votan asumiendo el riesgo de ser heridos o detenidos. Defienden las urnas y sus derechos fundamentales. El operativo dirigido por los Mossos de Esquadra (policía catalana) es ejemplar y mantiene el orden público, instando a la prudencia y evitando la violencia. Asimismo, el Gobierno español envía un contingente extraordinario de policías y guardias civiles a Cataluña para evitar la votación, ejerciendo la violencia. Más de mil votantes son heridos y atendidos por los servicios médicos, y el Gobierno de España condecora a las fuerzas agresoras. La censura mediática se radicaliza y se convierte en política y judicial, para ahogar al catalanismo, y atenta contra la democracia.

❖ 27 de octubre de 2017 – La mayoría del Parlamento de Cataluña aprueba la República Catalana, en una resolución pública redactada en catalán, donde a su vez se compromete a investigar la represión policial del 1 de octubre. Paralelamente, el Parlamento insta al diálogo y a la mediación de la Unión Europea. La UE desoye la demanda catalana, y España intensifica la persecución judicial contra el proceso de independencia, en medio de una campaña generalizada de difamación mediática. Paralelamente, España interviene la totalidad del Gobierno catalán, haciendo un uso unilateral e irregular del Artículo 155 de la Constitución Española, y convoca nuevas elecciones en Cataluña.

❖ 21 de diciembre de 2017 – Elecciones al Parlamento de Cataluña con los representantes catalanes encarcelados y/o amenazados. Vuelve a ganar la mayoría independentista. Los líderes políticos y sociales, representantes legítimos de la voluntad del pueblo catalán, gracias a la autoridad que les está delegada y con la autoridad del pueblo al que representan, mantienen una actitud digna y firme a pesar de las continuas amenazas y represalias del Estado español.

La españolidad castellana, lejos de abrirse al diálogo, opta por acentuar la represión, imponiendo la censura mediática y atentando contra la libertad de expresión, mientras inicia un proceso de judicialización sin precedentes. El orden policial, jurídico y político catalán es intervenido. Todos aquellos que no representan al orden español son retirados de sus cargos. En algunos casos, ajusticiados, del mismo modo que se inicia el enjuiciamiento a la voz cultural y periodística.

LA MANIPULACIÓN DE LA REALIDAD Y UN JUICIO SENTENCIADO

TANTO EL GOBIERNO español como su sistema judicial, con el apoyo de Su Majestad el rey y la connivencia del ejército y la Conferencia Episcopal Española, así como del poder económico instrumentalizado en la política, con el control casi absoluto de los medios de comunicación, se han opuesto a dar voz a los catalanes. En su lugar, todos ellos han creado el imaginario de unos líderes catalanes que han generado alboroto popular, y que actúan en contra de la ley, ninguneando a los derechos fundamentales de los pueblos, reconocidos en el orden internacional contemporáneo acordado en la Carta de las Naciones Unidas, y sin cuestionar ni un ápice la determinación estatal frente a la catalanidad.

La españolidad castellana, que gobierna con el brazo militar y judicial a España desde hace tres siglos, ha transformado a los representantes catalanes en los líderes de un motín, y los ha amenazado, perseguido, enjuiciado y enviado a prisión. Desde el mes de febrero del año 2019, ha iniciado un juicio contra ellos. Los acusa de organización criminal, rebelión, sedición y malversación de los fondos públicos. Y nadie acusa a la españolidad de atentar contra el pueblo y la nación a quienes ellos representan: Cataluña. La pasión castellana, resultado de un proceso de ocupación y de represión de la catalanidad, gracias a la imposibilidad de abrir un juicio histórico a su autoridad, que atenta contra su identidad labrada desde los aparatos del Estado, juzga a los catalanes para, de este modo, evitar su propio juicio. Son ellos quienes, a los ojos de los catalanes, actúan como una organización criminal malversando los recursos públicos para ejercer su dominio sobre un pueblo que no los autoriza, en nombre de la sedición rebelde de un Estado impuesto que, de un modo reiterativo, tiende a alimentar la fobia ultra-nacionalista y a reprimir por la fuerza a aquellos que los desautorizan.

Ante la ausencia de un orden internacional legitimado, conocedor de la verdadera historia de los catalanes, que defienda los derechos de los pueblos a la libre determinación, Europa ha optado por pedir a España una solución dialogada. En su lugar, sin embargo, España ha decidido juzgar a quienes considera los líderes de una rebelión, organizados como una banda criminal. Pide penas de 12 a 74 años de cárcel, contra los representantes democráticos y civiles de un pueblo organizado, tras haber creado el falso imaginario de un liderazgo populista e ilegal, negando todo ápice de diálogo y creando un juicio a priori que ya incluye la sentencia. Paralelamente, en España se ha recuperado la voz neofascista, y la anticatalanidad se ha agravado, así como el propio sistema democrático. Se ha reavivado el desmantelamiento de los pocos derechos culturales y lingüísticos de la catalanidad en Cataluña, tal y como se ha acelerado en las últimas dos décadas en Mallorca y Valencia. El pulso cultural es ahora judicial, faltando a la verdad histórica y a los derechos fundamentales de todos los pueblos.

LA CAUSA GLOBAL CATALANA

LA CAUSA CATALANA no es solamente una legítima causa social, cultural y nacional. Es también una causa europea, por un orden internacional más amable, responsable, justo y equitativo. Pero es, de hecho, una causa global, en un punto crítico de la historia de la humanidad en el que la democracia se pone en duda, también en Europa.

Europa ha conseguido sobreponerse a su propia competencia interna, liderando en el siglo veintiuno las voces de la democracia, la equidad social y la sustentabilidad ambiental. En este proceso, sin embargo, Europa ha sacrificado varias culturas, internas y externas a su ámbito continental, y ha participado de un relato histórico oficial que lo ignora. En este sentido, atender el asunto catalán es una cuestión pendiente. Los catalanes son el pueblo histórico de Europa con más vigor sin ser reconocidos como tal. La España castellana es responsable de ello, pero también lo es el orden internacional europeo. En cierto modo, juzgar a los catalanes es consecuencia de la voluntad del orden español, de esencia imperial, inquisitorial y colonial, de evitar su propio juicio histórico y, con él, enjuiciar también a Europa y a todo aquello que representa para la humanidad. Pero esto no justifica permitir que se condene a los catalanes.

En el caso de que Europa permita dar continuidad al juicio español contra la causa catalana, será un paso a atrás que tendrá consecuencias en la conciencia colectiva. Dar voz a los catalanes, en una Unión Europea democrática, económica y social, no es un delito. El delito es enjuiciar a la catalanidad y conceder la impunidad a España sin atender a la responsabilidad colectiva de los pueblos del mundo, cuya convivencia se fundamenta en el libre reconocimiento mutuo.

Por encima de todo, existe el derecho de los pueblos a tener representantes políticos y civiles, sin cuya autoridad se ahoga la voz de la libertad, de la democracia y de los derechos sociales (una voz que transciende el derecho a la manifestación, a la libertad de expresión y a la voluntad de expresarse a favor de la autodeterminación). Permitir este juicio y la condena o represión a la catalanidad, en el seno de la Unión Europea, tendrá consecuencias por el carácter antisocial del mismo. Pero, sobre todo, tendrá consecuencias por el hecho de tratarse de una seria amenaza para quienes representan a la democracia y la libertad necesarias para una confederación global de los pueblos. Sin esta confederación global, en la que todos los pueblos tengan voz a través de sus representantes, no será posible crear un espacio común internacional que garantice la paz universal y permita afrontar los desafíos económicos, sociales y ecológicos que la humanidad debe atender. Dar impunidad a quienes atentan contra la voz colectiva, y permitir su represión ejerciendo el abuso del poder, es dar alas a la violencia y mutilar el libre desarrollo de una conciencia global justa y responsable con el prójimo y el medio ambiente.

La mutilación de la voz social catalana no es un proceso aislado, se trata de una censura implacable que tiende a extenderse en todo el planeta y lo hace ininterrumpidamente desde hace décadas. Basta recordar los numerosos episodios de la Guerra Fría en el sudeste asiático, África y América Latina, y más recientemente la opresión de la primavera árabe asociada a los episodios de violencia mediática y militar que enfrenta Occidente con Oriente, que se ven acompañados por la revolución elitista de la extrema derecha en frentes abiertos en Europa, los Estados Unidos, Brasil y otros. El sistema judicial internacional está deslegitimado, y los medios que deberían de hablar de ello no existen. Opinar e informar implica arriesgar la vida. En su lugar se ha creado un espacio de fragilidad en el que se ejerce la fobia, la mentira, la violencia y la impunidad, como está ocurriendo en España y como no ha dejado de ocurrir, lamentablemente y de forma intensiva, en aquellos países intervenidos por los conflictos geopolíticos y en los que se ha impuesto la ley de la impunidad criminal.

LA CONDENA DEL TABÚ HISTÓRICO, DEL FRANQUISMO Y TODO AQUELLO QUE REPRESENTA

LAS EVIDENCIAS CONSTATAN que el clima internacional es inestable, como lo ha sido desde el momento en que desde Europa se inició la colonización. De esto no hay duda, pero existe un tabú que no permite su análisis racional. Se han levantado muros simbólicos en nombre de la ley de la historia escrita por los vencedores, que se han convertido en tabús. Son muros en la forma de relatos manipulados que crean la imagen de la justicia del más fuerte, al modo del Dios del Antiguo Testamento, que a su vez están transcritos en las tablas de la ley, de la ley de los libros sagrados y, sobre todo, en la de los derechos particulares y de las competencias de los estados. En conjunto, esta es la (ausencia de la) ley internacional. La iglesia católica, las monarquías, los órdenes militares y el conjunto de poderes dominantes, junto el orden económico y financiero transnacional, están en competencia ante la ausencia de un orden internacional justo y éticamente responsable (la Carta de las Naciones es una gran obra, pero no es suficiente). Todos ellos han creado su propio imaginario que los legitima, y no son compatibles con la democracia genuina universal. Entre los productos de estas singulares leyes se encuentra la *Ley de amnistía* española de 1977. Por ello es una ley entrelazada con el relato simbólico, difícil de desmantelar... salvo que fracase en su autoridad, y con ello se levante el muro que protege del juicio a España, y a su historia.

Juzgar y condenar a los catalanes conllevará el inevitable juicio al franquismo, y todo lo que representa para la España castellana, para Europa y para la historiografía global. Debería formar parte de la causa de la defensa de los representantes catalanes, pero no es posible legalmente de acuerdo con el orden jurídico impuesto en España por el propio franquismo pre-constitucional (con la *Ley de amnistía* de 1977, que impone la amnesia histórica). Por este motivo, este juicio es solo la primera parte de otro paralelo que ya ha empezado, que tarde o temprano emitirá su sentencia final. Será una condena a la *recreación histórica del poder* que aquí se vislumbra.

Bibliografía citada

Anónimo a (1714). *The Case of the Catalans consider'd*. London: J. Baker at the Black-Boy in Pater-noster-Row.

Anónimo b (1714). *The Deplorable History of the Catalans*. London: J. Baker at the Black-Boy in Pater-noster-Row.

Consell Nacional Català (Delegación en Estados Unidos) (2010). *EL CAS de CATALUNYA, APEL·LACIÓ a les NACIONS UNIDES, CONFERÈNCIA SOBRE ORGANITZACIÓ INTERNACIONAL, San Francisco, California, Abril 1945*. Barcelona: MEMORIAL 1714.

Garibay y Çamalloa, E. (1628). *Compendio Historial de las Chronicas y Universal Historia de Todos los Reynos de España, donde se ponen en suma los Condes señores de Aragon, con los Reyes del mesmo Reyno: y Condes de Barcelona, y Reyes de Nápoles y Sicilia*. Barcelona: Sebastián de Cormellas.

Morales-Roca, FJ (1983). *Próceres Habilitados en las Cortes del Principado de Cataluña, siglo XVII (1599-1713), Tomo I*. Madrid: Ed. Hidalguía.

——(1988). *Caballeros de la Espuela Dorada del Principado de Cataluña. Dinastía de Trastámara, 1412-1555*. Madrid: Ed. Hidalguía.

Sans, E. (2012). *Fernando "El Católico", Rey de Aragón, Conde de Barcelona y Señor de las Indias: El prota-*

gonismo de las instituciones catalanas en el descubrimiento de América. Ponencia del *54 Congreso Internacional de Americanistas*, celebrado en Viena (Austria), los días 15-20 de julio de 2012. Cercle Català d'Història. En línea: http://www.cch.cat/pdf/54ica_ponencia_esans.pdf [Consulta enero de 2019].

Sans i Travé, JM (1999). *Els templers catalans, de la rosa i la creu*. Lleida: Pagès Editors.

Zurita, J. (1580). *Historia del rey Don Fernando el Católico. De las empresas, y ligas de Italia*. Zaragoza: Oficina de Domingo de Portonariis, y Ursino impresor de la Sacra, Real, y Católica Majestad, y del reino de Aragón.